Konfitüren, Marmeladen und Gelees

HÄDECKE

Konfitüren, Marmeladen und Gelees

Stefanie Klein (Hrsg.)

Lizenzausgabe für Walter Hädecke Verlag, D-71256 Weil der Stadt
www.haedecke-verlag.de

www.fona.ch
Verantwortlich für das Lektorat: Léonie Haefeli-Schmid
Gestaltung Umschlag: nett + artig, Düsseldorf
Gestaltung Inhalt: FonaGrafik
Fotos: Claudia Albisser Hund, Basel; Armin Zogbaum (Seite 67)
Lithos: Repro Schicker AG, Baar
Printed in Germany

ISBN 978-3-7750-0497-8

Inhalt

Rund ums Einmachen

Agar-Agar

Pflanzliche «Gelatine». Unverdauliches Kohlehydrat, das aus verschiedenen Rotalgenarten mit heißem Wasser extrahiert wird. Agar-Agar ist in Pulverform oder als Flocken erhältlich. Es kann nur in heißer Flüssigkeit gelöst werden. Je nach Hersteller variiert die Bindekraft. Grobe Faustregel: Auf 1 kg vorbereitete Früchte kommen 200–500 g Zucker und 2 gestrichene Esslöffel Agar-Agar-Pulver.

Geliermittel: Unigel, Gelfix, Konfigel

Geschmacksneutrale Geliermittel (alle drei sind Markenprodukte) pflanzlicher Herkunft. Gelierhilfen verkürzen nicht nur die Kochzeit, sie schonen auch Vitamine, Geschmack und Farbe. Bei geringem Zuckeranteil, d. h. 200–500 g Zucker je 1 kg vorbereiteter Früchte, braucht es ein Bindemittel.

Gelieren, unbefriedigend

Wenn die Fruchtmasse unbefriedigend geliert hat, kocht man sie mit der gleichen Menge Geliermittel (mit Ausnahme von Gelierzucker) noch einmal auf.

Gelierpunkt

Einen weiten Topf wählen, damit die Flüssigkeit schneller verdampfen kann. Weil auf höchster Garstufe eingekocht wird, muss der Topfinhalt ständig gerührt werden, damit er nicht anbrennt und schneller geliert.

Gelierzucker

Besteht aus Pektin, Zitronensäure und Zucker. Verhältnis Früchte/Zucker 2:1: auf 1 kg Früchte kommen 500 g Gelierzucker.

Gläser

Ideal sind Gläser mit Schraubdeckel. Der Deckel darf keine Rostflecken haben (Oxidation).

- Glas und Deckel vor jedem Gebrauch in kochendem Wasser auskochen.
- Glas mit Drehverschluss auf Dichtigkeit überprüfen, indem man es mit Wasser füllt, den Deckel aufschraubt und das Glas auf den Kopf stellt.
- Gläser nach Gebrauch offen trocknen.

Haltbarbkeit/Lagerung

An einem dunklen, trockenen Ort können Konfitüren, Gelees und Marmeladen 12 bis 14 Monate gelagert werden. Bei reduziertem Zuckeranteil sollte das Glas nach Anbruch im Kühlschrank aufbewahrt werden.

Lagerung

Jedes Glas beschriften, d. h. mit Inhalt und Datum versehen.

Pektine

Gelier- und Bindemittel, das aus den Zellwänden von Früchten, insbesondere von Äpfeln und Zitronen stammt. Im Naturkosthandel/Reformhaus/Bioladen gibt es speziell aufbereitete Pektine zum Einkochen.

Vakuum kontrollieren

Mit dem Daumen auf den zugeschraubten Deckel drücken. Wenn er bombiert ist, d. h. nach oben gewölbt, und sich eindrücken lässt, ist das Vakuum intakt.

Zuckermenge

Man muss ausprobieren, bei welcher Zuckermenge die Konfitüre noch schmeckt. Da man bei kleiner Zuckermenge in jedem Fall ein Geliermittel braucht, hat der Zucker auf die Konsistenz der Konfitüre und auf die Haltbarkeit keinen Einfluss.

Saisonkalender

Frucht	Saison
Apfel	August–Oktober
Aprikose	Juli/August
Berberitze	September/Oktober
Birne	August/September
Brombeere	Juli–September
Cranberry	Oktober
Erdbeere	Juni–Oktober
Hagebutte	Oktober/November
Himbeere	Juni–Oktober
Holunderbeere	August–Oktober
Holunderblüten	Juni
Johannisbeere, rot	Juli–September
Johannisbeere, schwarz	Juli/August
Kirsche	Juni–August
Kürbis	August–Februar
Mango	ganzjährig
Minneola	Dezember/Januar
Mirabelle	Juli–September
Orange	Dezember–Mai
Pfirsich	Juli–September
Pflaume	Juli–September
Pomelo	September–April
Preiselbeere	August/September
Quitte	Oktober/November
Rhabarber	April/Mai
Rosenblütenblätter	Mai–September
Sanddornbeeren	August–Oktober
Stachelbeere	Juli/August
Vogelbeere	September/Oktober
Weintraube	September–November
Zitrone	ganzjährig
Zwetschge	August–Oktober

Gelee	Konfitüre	Marmelade
●	●	
	●	
●	●	
●	●	
●	●	
●	●	
●	●	
●	●	
●	●	
●	●	
●	●	
●	●	
●	●	
	●	
	●	
	●	
		●
	●	
		●
	●	
	●	
		●
	●	
●	●	
●	●	
●	●	
●	●	
●	●	
●	●	
●	●	
		●
	●	

Konfitüren

Erdbeer-Pfirsich-Konfitüre

mit Maracuja

500 g Erdbeeren
500 g Pfirsiche
2 dl/200 ml Maracujasaft (Saft der Passionsfrucht)
200–500 g Zucker
Unigel, Gelfix, Konfigel, Agar-Agar-Pulver oder Pektin (Dosierung: siehe Packungsbeschrieb Hersteller und Seiten 10/11)

1 Haut der Pfirsiche kreuzweise einritzen, in einem Schaumlöffel für etwa 30 Sekunden in kochendes Wasser tauchen, dann unter kaltem Wasser abschrecken. Die Früchte schälen, halbieren, entsteinen. Fruchthälften klein würfeln.
2 Erdbeeren entstielen und klein schneiden.
3 Erdbeeren, Pfirsiche, Maracujasaft, Zucker und Geliermittel unter ständigem Rühren aufkochen, sprudelnd kochen, bis die Früchte zerfallen sind. Bei reifen Beeren dauert dies 30 bis 60 Sekunden, bei reifem Steinobst 3 bis 4 Minuten.
4 Erdbeer-Pfirsich-Konfitüre kochend heiß bis knapp unter den Rand in vorgewärmte Gläser füllen. Sofort verschließen.

Rhabarber-Mango-Konfitüre

750 g Rhabarber
2 Mangos
1 unbehandelte Zitrone, abgeriebene Schale und Saft
1 kg Gelierzucker

1 Rhabarber putzen/schälen und in etwa 3 cm lange Stücke schneiden. Mangos schälen, das Fruchtfleisch in Schnitzen vom Stein und diese in Stückchen schneiden.
2 Alle Zutaten in einer Schüssel gut mischen, zugedeckt stehen lassen, bis die Früchte etwas Saft ziehen.
3 Früchte unter Rühren aufkochen, 4 Minuten sprudelnd kochen.
4 Rhabarber-Mango-Konfitüre kochend heiß bis knapp unter den Rand in vorgewärmte Gläser füllen, sofort verschließen.

Rhabarber-Orangen-Konfitüre

80 g Ingwer
4 unbehandelte Orangen
1½ kg Rhabarber
1 dl/100 ml Wasser
ca. 1½ kg Zucker

1 Ingwer schälen und fein hacken. Orangen waschen, Schale mit einem Sparschäler dünn abschälen und grob hacken. Orangen auspressen. Rhabarber putzen/schälen und in etwa 3 cm lange Stücke schneiden.

2 Alle Zutaten, ohne Zucker, in einem großen Kochtopf aufkochen und 10 Minuten bei schwacher Hitze zugedeckt köcheln lassen. Pürieren.

3 Püree abmessen und ebenso viel Zucker abwiegen (auf 1 l Püree kommt 1 kg Zucker). Zucker und Rhabarberpüree unter Rühren aufkochen, sprudelnd zu einer geleeähnlichen Konfitüre einkochen lassen; das dauert rund 8 Minuten.

4 Rhabarber-Orangen-Konfitüre kochend heiß bis knapp unter den Rand in vorgewärmte Gläser füllen, sofort verschließen.

Rhabarber-Feigen-Konfitüre

1 kg Rhabarber
150 g getrocknete Feigen
750 g Zucker
je 25 g Orangeat- und Zitronatwürfelchen

1 Rhabarber putzen/schälen und in 3 cm lange Stücke schneiden. Feigen klein würfeln.

2 Rhabarber, Feigen und Zucker in einer Schüssel mischen, über Nacht stehen lassen.

3 Rhabarber-Feigen-Gemisch am nächsten Tag aufkochen, bei schwacher Hitze zu einer Konfitüre einköcheln lassen, das dauert etwa 1 Stunde. Orangeat und Zitronat unterrühren, nochmals aufkochen.

4 Rhabarber-Feigen-Konfitüre kochend heiß bis knapp unter den Rand in vorgewärmte Gläser füllen, sofort verschließen.

Erdbeerkonfitüre mit Orangenlikör

1 kg Erdbeeren
½ dl/50 ml Orangenlikör
200–500 g Zucker
Unigel, Gelfix, Konfigel, Agar-Agar-Pulver oder Pektin (Dosierung: siehe Packungsbeschrieb Hersteller und Seiten 10/11)

1 Erdbeeren entstielen und klein schneiden.

2 Erdbeeren, Orangenlikör, Zucker und Geliermittel unter ständigem Rühren aufkochen, sprudelnd kochen, bis die Beeren zerfallen sind. Bei reifen Beeren dauert dies 30 bis 60 Sekunden.

3 Die Erdbeer-Konfitüre kochend heiß bis knapp unter den Rand in vorgewärmte Gläser füllen. Sofort verschließen.

Erdbeer-Holunderblüten-Konfitüre

5 große Holunderblütendolden, gut ausgeschüttelt
1 unbehandelte Orange, Saft und Schale
1 unbehandelte Zitrone, Saft und Schale
½ l Wasser
1 kg Erdbeeren
200–500 g Zucker
Unigel, Gelfix, Konfigel, Agar-Agar-Pulver oder Pektin (Dosierung: siehe Packungsbeschrieb Hersteller und Seiten 10/11)

1 Holunderblütendolden, Orangen- und Zitronensaft und Zitrusfruchtschalen sowie Wasser aufkochen, auf der ausgeschalteten Wärmequelle zugedeckt 15 Minuten ziehen lassen, absieben und die Flüssigkeit auffangen.

2 Erdbeeren entstielen und in Scheiben schneiden.

3 Holunderblütensaft, Erdbeeren, Zucker und Geliermittel unter Rühren aufkochen, 4 Minuten sprudelnd kochen.

4 Erdbeer-Holunderblüten-Konfitüre kochend heiß bis knapp unter den Rand in vorgewärmte Gläser füllen. Sofort verschließen.

Erdbeer-Rhabarber-Konfitüre mit Vanille

500 g roter Rhabarber (Erdbeer-Rhabarber)
500 g Erdbeeren
2 Vanilleschoten
200–500 g Zucker
Unigel, Gelfix, Konfigel, Agar-Agar-Pulver oder Pektin (Dosierung: siehe Packungsbeschrieb Hersteller und Seiten 10/11)

1. Rhabarber ungeschält in kleine Stücke schneiden.
2. Erdbeeren entstielen und in Scheiben schneiden.
3. Vanilleschoten längs aufschneiden, mit Rhabarber, Erdbeeren, Zucker und Geliermittel unter Rühren aufkochen, 4 Minuten sprudelnd kochen. Vanillemark abstreifen, unter die Konfitüre rühren.
4. Erdbeer-Rhabarber-Konfitüre kochend heiß bis knapp unter den Rand in vorgewärmte Gläser füllen. Sofort verschließen.

Erdbeer-Rotwein-Konfitüre

4 dl/400 ml kräftiger Rotwein, z. B. Chianti
1 unbehandelte Orange, Saft und Schale
1 unbehandelte Zitrone, Saft und Schale
1 kg Erdbeeren
200–500 g Zucker
Unigel, Gelfix, Konfigel, Agar-Agar-Pulver oder Pektin (Dosierung: siehe Packungsbeschrieb Hersteller und Seiten 10/11)

1 Rotwein, Orangen- und Zitronensaft sowie Zitrusfruchtschalen aufkochen, auf der ausgeschalteten Wärmequelle zugedeckt 15 Minuten ziehen lassen, absieben, die Flüssigkeit auffangen.

2 Erdbeeren entstielen und in Scheiben schneiden.

3 Rotwein, Erdbeeren, Zucker und Geliermittel unter Rühren aufkochen, 4 Minuten sprudelnd kochen.

4 Erdbeer-Rotwein-Konfitüre kochend heiß bis knapp unter den Rand in vorgewärmte Gläser füllen. Sofort verschließen.

Rosenblütenblätter-Beeren-Konfitüre

100 g unbehandelte Duftrosenblütenblätter
3 dl/300 ml Wasser
2 Zitronen, Saft
500 g Gelierzucker
500 g Beeren, z. B. Himbeeren, Brombeeren, schwarze Johannisbeeren
½ dl/50 ml Rosenwasser

Rosenwasser
100 g unbehandelte Duftrosenblütenblätter
1 l Wasser

1 Blattansatz der gezupften Rosenblütenblätter mit einer Nagelschere abschneiden. Blütenblätter auf Insekten und Unversehrtheit kontrollieren.

2 Zwei Drittel der Rosenblütenblätter mit dem Wasser aufkochen, auf der ausgeschalteten Wärmequelle zugedeckt 2 Minuten ziehen lassen, Flüssigkeit abgießen und auffangen.

3 Rosenflüssigkeit, Zitronensaft, Gelierzucker, restliche Blütenblätter und Beeren aufkochen, unter Rühren sprudelnd kochen, bis die Früchte zerfallen sind. Rosenwasser unterrühren.

4 Rosenblütenblätter-Beeren-Konfitüre kochend heiß bis knapp unter den Rand in vorgewärmte Gläser füllen. Sofort verschließen.

Rosenwasser

Blattansatz der gezupften Rosenblütenblätter mit einer Nagelschere abschneiden. Blütenblätter auf Insekten und Unversehrtheit kontrollieren. Die Hälfte der Rosenblütenblätter in eine Schüssel geben. Das Wasser aufkochen und darüber gießen. Etwa eine Stunde ziehen lassen. Abgießen, Rosenwasser auffangen, aufkochen. Restliche Rosenblütenblätter in die Schüssel geben, kochendes Rosenwasser darübergießen. Etwa eine Stunde ziehen lassen. Abgießen, Rosenwasser auffangen, aufkochen. Kochend heiß in Fläschchen füllen. Das Rosenwasser ist im Kühlschrank ungeöffnet mehrere Wochen haltbar. Geöffnete Fläschchen innerhalb einer Woche aufbrauchen. Handel: Es wird sowohl natürliches wie naturidentisches (künstliches) Rosenwasser angeboten. Zum Kochen nur das etwas teurere, aber natürliche Rosenwasser verwenden. Naturidentisches Rosenwasser schmeckt viel intensiver, jedoch seifig.

Rosenblütenkonfitüre

100 g unbehandelte Duftrosenblütenblätter
100 g Zucker
100 g Gelierzucker
2 Zitronen, Saft

1 Blattansatz der gezupften Rosenblütenblätter mit einer Nagelschere abschneiden. Blütenblätter auf Insekten und Unversehrtheit kontrollieren, in feine Streifen schneiden.

2 Rosenblütenstreifen, Zucker, Gelierzucker und Zitronensaft unter Rühren aufkochen, 3 bis 5 Minuten sprudelnd kochen.

3 Die Konfitüre kochend heiß bis knapp unter den Rand in vorgewärmte Gläser füllen. Sofort verschließen.

Kirschenkonfitüre ohne Zucker

1 kg entsteinte süße Kirschen
Unigel, Gelfix, Konfigel, Agar-Agar-Pulver oder Pektin (Dosierung: siehe Packungsbeschrieb Hersteller und Seiten 10/11)

1 Kirschen und Geliermittel unter Rühren aufkochen, 2 bis 3 Minuten sprudelnd kochen.

2 Kirschenkonfitüre kochend heiß bis knapp unter den Rand in vorgewärmte Gläser füllen, sofort verschließen.

Stachelbeer-Bananen-Konfitüre

1 kg Stachelbeeren
1 dl/100 ml Wasser
300 g geschälte Bananen, klein gewürfelt
500 g Zucker

1 Die Stachelbeeren mit dem Wasser erhitzen, unter ständigem Rühren kochen, bis die Beeren aufplatzen, eventuell mit einem Holzlöffel leicht zerdrücken.
2 Stachelbeerbrei durch den Fleischwolf stoßen oder das Passevite/die Flotte Lotte mit kleiner Lochung drehen oder durch die Kartoffelpresse drücken, damit Stiele, Fliege, Kerne und Schalen aufgefangen werden.
3 Stachelbeerpüree, Bananen und Zucker erhitzen, bei mittlerer Hitze unter Rühren etwa 20 Minuten kochen, bis die Konfitüre geliert.
4 Die Stachelbeer-Bananen-Konfitüre kochend heiß bis knapp unter den Rand in vorgewärmte Gläser füllen. Sofort verschließen.

Stachelbeer-Aprikosen-Konfitüre

250 g Aprikosen
500 g sehr reife Stachelbeeren
½ dl/50 ml Wasser
500 g Gelierzucker

1 Die Aprikosen halbieren und entsteinen, den Stielansatz wegschneiden. Die Fruchthälften in kleine Stücke schneiden.
2 Aprikosen, Stachelbeeren und die Hälfte des Gelierzuckers aufkochen, unter ständigem Rühren 1 Minute sprudelnd kochen. Den restlichen Zucker zufügen, weitere 3 Minuten sprudelnd kochen.
3 Die Stachelbeer-Aprikosen-Konfitüre kochend heiß bis knapp unter den Rand in vorgewärmte Gläser füllen. Sofort verschließen.

Mango-Karotten-Konfitüre

200 g getrocknete Mangos
500 g Karotten
100 g Zucker
2 dl/200 ml Orangensaft, frisch gepresst
1 unbehandelte Zitrone, abgeriebene Schale und Saft
1–2 dl/100–200 ml Einweichwasser der Mangos
Unigel, Gelfix, Konfigel, Agar-Agar-Pulver oder Pektin (Dosierung: siehe Packungsbeschrieb Hersteller und Seiten 10/11)
½ dl/50 ml Orangensaft

1 Die getrockneten Mangos etwa 2 Stunden in Wasser einweichen, dann in kleine Stücke schneiden. Die Karotten schälen und in feine Scheiben schneiden.

2 Mangos, Karotten, Zucker, Orangen- und Zitronensaft, Zitronenschalen und Mangowasser unter Rühren aufkochen, etwa 20 Minuten köcheln lassen. Pürieren. Das Geliermittel im Orangensaft auflösen, zur Konfitüre geben, 5 Minuten köcheln.

3 Mango-Karotten-Konfitüre bis knapp unter den Rand kochend heiß in vorgewärmte Gläser füllen, sofort verschließen.

Kürbis-Orangen-Konfitüre

1 kg Kürbisfleisch, entkernt und geschält, fruchtige (wässrige Sorte)
6 unbehandelte Orangen
300 g Syramena (teilraffinierter Vollrohrzucker)
Unigel, Gelfix, Konfigel, Agar-Agar-Pulver oder Pektin (Dosierung: siehe Packungsbeschrieb Hersteller und Seiten 10/11)
5 EL Orangenlikör oder Amaretto

1 Den Kürbis in feine Scheiben schneiden.

2 Von 3 Orangen die Schale mit dem Zestenreißer dünn abschälen und in Streifchen schneiden. Mit wenig Wasser 5 Minuten kochen. Abkühlen lassen.

3 Alle Orangen auspressen.

4 Kürbis, Zucker und Orangensaft aufkochen, 20 Minuten köcheln lassen. Orangenstreifchen zufügen. Über Nacht ziehen lassen.

5 Kürbismus und Geliermittel aufkochen, unter Rühren 3 Minuten sprudelnd kochen. Von der Wärmequelle nehmen. Mit dem Orangenlikör parfümieren.

6 Kürbis-Orangen-Konfitüre kochend heiß bis knapp unter den Rand in vorgewärmte Gläser füllen. Sofort verschließen.

Kürbiskonfitüre

mit Ingwer

1 kg Kürbisfleisch, entkernt und geschält, fruchtige (wässrige) Sorte
150 g kandierter Ingwer
1 dl/100 ml Zitronensaft
1 EL abgeriebene Zitronenschale
1 EL frisch geriebener Ingwer
300 g Birnendicksaft
Unigel, Gelfix, Konfigel, Agar-Agar-Pulver oder Pektin (Dosierung: siehe Packungsbeschrieb Hersteller und Seiten 10/11)

1. Kürbis und kandierten Ingwer fein schneiden.
2. Alle Zutaten in einen Topf geben, gut verrühren, bei mittlerer Hitze aufkochen, unter häufigem Rühren 20 Minuten köcheln lassen.
3. Kürbiskonfitüre kochend heiß bis knapp unter den Rand in vorgewärmte Gläser füllen. Sofort verschließen.

Abbildung

Kürbiskonfitüre

mit Zitronenverbene

1 kg Kürbis, entkernt und geschält, fruchtige (wässrige) Sorte
200 g Birnendicksaft oder
teilraffinerter Vollrohrucker (Syramena)
Unigel, Gelfix, Konfigel, Agar-Agar-Pulver oder Pektin (Dosierung: siehe Packungsbeschrieb Hersteller und Seiten 10/11)
3 Zweige Zitronenverbene, abgezupfte Blätter

1. Den Kürbis mit der Küchenmaschine grob raspeln oder klein würfeln.
2. Kürbis, Birnendicksaft/Vollrohrzucker und Geliermittel aufkochen, bei schwacher Hitze 30 Minuten köcheln lassen, bis der Kürbis weich ist. Nach 15 Minuten Zitronenverbene zugeben.
3. Kürbiskonfitüre kochend heiß bis knapp unter den Rand in vorgewärmte Gläser füllen. Sofort verschließen

Zitronenverbene

Ihre Heimat ist Südamerika und der Mittelmeerraum. Das frische Kraut hat einen sehr reinen, zitronenartigen Geruch und einen leicht scharfen Geschmack. Das Aroma ist stärker als das der meisten anderen nach Zitrone riechenden Pflanzen.

Trauben-Äpfel-Zwetschgen-Konfitüre

800 g süße blaue Traubenbeeren (kleinbeerige Sorte mit wenig Kernen)
400 g süße Äpfel
200 g Zwetschgen
300–400 g Zucker
Unigel, Gelfix, Konfigel, Agar-Agar-Pulver oder Pektin (Dosierung: siehe Packungsbeschrieb Hersteller und Seiten 10/11)

1 Traubenbeeren grob pürieren.

2 Äpfel schälen, vierteln und entkernen, Fruchtviertel halbieren oder dritteln, quer in Scheiben schneiden.

3 Zwetschgen halbieren und entsteinen, Stielansatz wegschneiden, Fruchthälften klein schneiden.

4 Alle Zutaten aufkochen, Konfitüre bei mittlerer Temperatur etwa 10 Minuten kochen.

5 Konfitüre kochend heiß bis knapp unter den Rand in vorgewärmte Gläser füllen, sofort verschließen.

Variante

Konfitüre ohne Zwetschgen zubereiten.

Zum Rezept

Die Traubenbeeren sollten keine zähe, dicke Haut haben, weil das Beerenmus nicht durch ein Sieb gestrichen wird.

Hagebutten-Quitten-Konfitüre

1½ kg Hagebutten
1 l Wasser
1 kg Quitten
Gelierzucker (Verhältnis Früchte/ Zucker 2:1, d. h. je kg Mus 500 g Zucker)

1 Hagebutten waschen, Blütenansatz und Stiel entfernen, Früchte mit einem Messer aufschlitzen, Kerne und Härchen entfernen.

2 Hagebutten mit dem Wasser aufkochen, bei schwacher Hitze zugedeckt weich kochen, in ein Sieb gießen, Kochsud auffangen und beiseite stellen. Hagebutten durch Passevite/Flotte Lotte mit feiner Lochung drehen, beiseite stellen.

3 Quitten mit einem trockenen Tuch abreiben, um den Flaum zu entfernen. Früchte gut waschen, schälen, vierteln und entkernen. Fruchtviertel klein schneiden. Die Quittenstückchen in einem Viertel des Hagebuttensuds weich kochen, mit der Flüssigkeit fein pürieren.

4 Quitten- und Hagebuttenmus mit dem Gelierzucker aufkochen, unter Rühren 3 bis 4 Minuten sprudelnd kochen.

5 Hagebutten-Quitten-Konfitüre kochend heiß bis knapp unter den Rand in vorgewärmte Gläser füllen. Sofort verschließen.

Variante

Hagebutten waschen, Blütenansatz und Stiel entfernen. Früchte mit wenig Wasser weich garen. Topfinhalt durch Passevite/Flotte Lotte mit feiner Lochung drehen, durch ein Spitzsieb streichen, damit auch noch die letzten Kernchen und Härchen aufgefangen werden.

Hagebutte

Nur einwandfreie, frische Früchte verwenden, die nach dem ersten Frost gepflückt worden sind.

Quittenkonfitüre

3 kg Quitten
2½ l Wasser
500 g Zucker
2 Orangen, Saft

Quittenfond
1 kg Schalen und Kerngehäuse von Quitten
1 l Wasser

1 Die Quitten mit einem trockenen Tuch abreiben, um den Flaum zu entfernen. Die Früchte gut waschen, schälen, vierteln und entkernen. Die Fruchtviertel in Stücke schneiden.

2 Für den Fond Quittenschalen und Kerngehäuse (wiegen) mit der gleichen Menge Wasser (auf 1 kg Quittenabfälle kommt 1 l Wasser) in einen großen Topf geben, aufkochen und einige Stunden bei schwacher Hitze köcheln lassen. Den Topfinhalt abgießen, den Fond auffangen, den Fruchtabfall sanft ausdrücken.

3 Die Quittenstücke mit 2½ Liter Wasser aufkochen, Früchte bei schwacher Hitze weich garen. Die Quitten sind gar, wenn man sie zwischen den Fingern zerdrücken kann. Die Quitten abgießen, durch das Passevite/die Flotte Lotte mit kleiner Lochung drehen.

4 Quittenpüree, Zucker, Orangensaft und 2 dl/200 ml Quittenfond unter ständigem Rühren aufkochen, kochen, bis die Konfitüre zähflüssig ist und vom Kochlöffel reißt.

5 Die Quittenkonfitüre kochend heiß bis knapp unter den Rand in vorgewärmte Gläser füllen. Sofort verschließen.

Hagebuttenkonfitüre

500 g Hagebuttenmark,
siehe Hagebutten-Quitten-Konfitüre,
Seite 36
150–250 g Zucker

1 Hagebuttenmark mit dem Zucker aufkochen, unter ständigem Rühren 2 bis 3 Minuten sprudelnd kochen.
2 Die Hagebuttenkonfitüre kochend heiß bis knapp unter den Rand in vorgewärmte Gläser füllen. Sofort verschließen.

Zwetschgen-Preiselbeer-Konfitüre

1 kg Zwetschgen
200 g Preiselbeeren
600 g Gelierzucker

1 Die Zwetschgen halbieren und entsteinen, Stielansatz wegschneiden. Die Fruchthälften klein schneiden.
2 Zwetschgen, Preiselbeeren und Gelierzucker vermengen, 30 Minuten stehen lassen, bis sich Saft gebildet hat.
3 Topfinhalt unter Rühren aufkochen, 4 bis 7 Minuten sprudelnd kochen.
4 Zwetschgen-Preiselbeer-Konfitüre kochend heiß bis knapp unter den Rand in vorgewärmte Gläser füllen. Sofort verschließen.

Birnen-Cashewnuss-Konfitüre

400 g reife Birnen
½ Zitrone, Saft
2 dl/200 ml Apfelsaft, naturtrüb
250–300 g Gelierzucker
75 g gehackte Cashewnüsse
1 dl/100 ml Williamsgeist oder Apfelbrand

1 Die Birnen schälen und in kleine Stücke schneiden, mit dem Zitronensaft beträufeln.

2 Birnenstückchen und Apfelsaft aufkochen, bei schwacher Hitze 5 bis 8 Minuten köcheln lassen. Die Hälfte des Gelierzuckers zugeben, 1 Minute sprudelnd kochen. Restlichen Gelierzucker zugeben, weitere 2 bis 3 Minuten sprudelnd kochen. Cashewnüsse und Williamsgeist unterrühren.

3 Die Birnen-Cashew-Konfitüre kochend heiß bis knapp unter den Rand in vorgewärmte Gläser füllen. Sofort verschließen.

Pflaumen-Nuss-Konfitüre

250 g rote Pflaumen
250 g gelbe Pflaumen
150–200 g Gelierzucker
1 Zimtstange
60 g Baumnuss-/ Walnusskerne

1 Die Pflaumen halb eren, den Stielansatz und den Stein entfernen, mit dem Pürierstab grob pürieren oder von Hand klein schneiden.

2 Die Nüsse hacken.

3 Pflaumenmus mit der Hälfte des Gelierzuckers und dem Zimt aufkochen, 2 Minuten sprudelnd kochen. Restlichen Zucker zugeben, weitere 5 Minuten sprudelnd kochen. Zimt entfernen. Nüsse beifügen.

4 Die Pflaumen-Nuss-Konfitüre kochend heiß bis knapp unter den Rand in vorgewärmte Gläser füllen. Sofort verschließen.

Kalt gerührte Pflaumenkonfitüre

600 g schöne Pflaumen
300 g Puderzucker
1 TL Zitronensaft

1 Die Pflaumen am Blütenansatz kreuzweise einschneiden, in kochendes Wasser geben, bis sich die Haut löst. Die Früchte mit einem Schaumlöffel herausnehmen und unter kaltem Wasser abschrecken. Die Pflaumen halbieren und entsteinen, den Stielansatz wegschneiden, die Fruchthälften zerkleinern.

2 Pflaumen, Puderzucker und Zitronensaft auf kleiner Stufe etwa 10 Minuten pürieren.

3 Pflaumenkonfitüre in Gläser füllen. Im Kühlschrank aufbewahren.

Brombeer-Holunderbeer-Konfitüre

600 g Brombeeren
400 g Holunderbeeren
500 g Gelierzucker

1 Brombeeren, Holunderbeeren und Gelierzucker unter Rühren aufkochen, 5 Minuten sprudelnd kochen.

2 Die Brombeer-Holunderbeer-Konfitüre kochend heiß bis knapp unter den Rand in vorgewärmte Gläser füllen, sofort verschließen.

Sanddornbeeren-Konfitüre

1 kg Sanddornbeeren
(500 g Sanddornmark)
500 g Gelierzucker

1 Die Sanddornbeeren in einer Fruchtpresse entsaften. Oder die Beeren mit wenig Wasser aufkochen, Wasser abgießen, Beeren durch ein Chromstahlsieb streichen, um Schalen und Kerne aufzufangen.

2 Das Sanddornmark mit dem Gelierzucker unter Rühren aufkochen, 3 Minuten sprudelnd kochen.

3 Sanddornbeeren-Konfitüre kochend heiß bis knapp unter den Rand in vorgewärmte Gläser füllen, sofort verschließen.

Verwendung

Die Sanddornbeeren-Konfitüre schmeckt nicht nur als Brotaufstrich, sondern auch in einem Milchshake, mit Quark oder Jogurt verrührt oder als Süßmittel von Kräutertee. Oder als süßsaure Sauce zu gegrilltem Fleisch, Wild, Geflügel und exotischen Speisen.

Sanddornbeeren pflücken

Die mit Beeren reich behangenen Zweige abschneiden, in einen Folienbeutel füllen und tiefkühlen. Gefroren lassen sich die Beeren mit ein paar Schlägen auf einer Unterlage mühelos von den Zweigen abklopfen.

Cranberry-Konfitüre

500 g Cranberries
400 g Zucker
3 EL Zitronensaft

1 Die Cranberries in einer Schüssel mit dem Zucker mischen, stehen lassen, bis sich reichlich Saft gebildet hat.

2 Beeren mit Saft aufkochen, bei starker Hitze kochen, bis die Konfitüre die richtige Konsistenz hat. Zitronensaft unterrühren.

3 Die Cranberry-Konfitüre kochend heiß bis knapp unter den Rand in vorgewärmte Gläser füllen, sofort verschließen.

Varianten

Cranberries durch Moosbeeren oder Preiselbeeren ersetzen.

Cranberries

Frische Cranberries sind herbsauer. Frost – und somit auch das Tiefkühlen mildern das Aroma.

Gelee

Entsaften und Gelieren

Beerensaft für Gelee – Grundrezept

Es gibt 3 Möglichkeiten, Beerensaft herzustellen:

- Beeren aufkochen, durch ein Tuch filtern
- Beeren kalt auspressen
- Beeren in einem Dampfentsafter entsaften

Für die Saftgewinnung eignen sich praktisch alle Beerenarten. Besonders ideal sind jedoch Weintrauben, schwarze und rote Johannisbeeren und Brombeeren. Holunderbeeren, Himbeeren und Erdbeeren sind sehr aromatisch und eignen sich vorzüglich zum Mischen mit anderem Fruchtsaft.

Beeren müssen für die Saftgewinnung nicht gerüstet/geputzt werden. Eine Ausnahme bilden die Weintrauben- und Holunderbeeren, bei denen die Rispen entfernt werden müssen. Holunderbeeren und Johannisbeeren (für Desserts und Konfitüre) streift man am besten mit einer Gabel von den Stielen.

Entsaften mit der Maschine

Wer viel Beeren verarbeitet, sollte im Handel einen geeigneten Entsafter kaufen. Für die Kaltpressung gibt es eine Reihe von Entsaftungs-Zentrifugen, teilweise auch als Zusatzgerät zur Küchenmaschine. Diese Geräte eignen sich aber in erster Linie für die Herstellung von Säften für den Frischgenuss, also für kleinere Mengen. Für größere Mengen haben sich Haushalt-Kleinpressen bewährt. Mit einem Dampfentsafter kann nicht nur Saft gewonnen, sondern auch pasteurisiert werden (Sirup).

Entsaften nach Großmutter Art

Für den Privathaushalt bewährt sich immer noch Großmutters Methode mit dem umgekehrten Hocker. Eine Gazewindel oder ein spezielles Safttuch (im Handel erhältlich) mit Schnur an den Stuhlbeinen festbinden. Zum Auffangen des Saftes eine große Porzellanschüssel oder einen Chromstahltopf unter das Tuch stellen. Beeren mit wenig Wasser aufkochen, wenn sie nicht von selbst aufplatzen, zerdrückt man sie mit einem Holzkochlöffel. Das heiße Beerenmus vorsichtig in das Tuch gießen. Den Saft ein paar Stunden – oder am besten über Nacht – abtropfen lassen.

Das Tuch mit der Beerenmaische leicht ausdrücken. Je mehr man es auspresst, desto größer die Menge, aber auch desto trüber der Saft.
Für kleinere Portionen eignet sich auch ein Salatsieb. Dieses mit einem Geschirrtuch auslegen und auf eine Email- oder Chromstahlschüssel stellen.

Gelee – Kochzeit und Gelierpunkt

Zum Kochen von Gelee einen weiten Topf wählen, damit die Flüssigkeit schneller verdampfen kann. Weil auf der höchsten Garstufe eingekocht wird, muss der Topfinhalt ständig gerührt werden, damit die Fruchtmasse nicht anbrennt und schneller geliert.

Der Gelierpunkt ist erreicht, wenn die Fruchtmasse an einem eingetauchten Holzkochlöffel als breiter Tropfen kleben bleibt. Oder einige Tropfen des Gelees auf einen kalten Teller gießen: wenn die Fruchtmasse nicht verfließt und sich eine feine Haut bildet, ist der Gelierpunkt erreicht. Schaum mit einem Löffel abschöpfen.

Geliermittel und Tipps rund ums Einmachen

Siehe Seiten 10/11

Rhabarbergelee

2 kg Rhabarber
½ dl/50 ml Wasser
2 Zimtstangen
ca. 1 kg Gelierzucker

1 Rhabarber putzen/schälen, Stangen in etwa 3 cm lange Stücke schneiden.

2 Rhabarber, Wasser und Zimtstangen aufkochen, bei schwacher Hitze zugedeckt köcheln, bis der Rhabarber zerfallen ist. Zimt entfernen.

3 Den Topfinhalt durch ein Sieb gießen, Rhabarbersaft auffangen, durch ein spezielles Safttuch oder durch eine Gazewindel passieren (Seite 53).

4 Den Rhabarbersaft abmessen und in den Kochtopf geben. Gleich viel Gelierzucker abwiegen (auf 1 l Saft kommt 1 kg Zucker) und dazugeben. Unter Rühren aufkochen, 5 Minuten sprudelnd kochen. Abschäumen.

5 Das Rhabarbergelee kochend heiß bis unter den Rand in vorgewärmte Gläser füllen, sofort verschließen.

Rosenblütengelee

100 g unbehandelte Duftrosenblütenblätter
½ l trockener Weißwein
500 g Gelierzucker
½ dl/50 ml Rosenwasser, Seite 24

1 Den Blattansatz bei den Rosenblütenblättern mit einer Nagelschere abschneiden. Blütenblätter auf Insekten und Unversehrtheit kontrollieren.

2 Rosenblütenblätter und Weißwein aufkochen, auf der ausgeschalteten Wärmequelle 15 Minuten ziehen lassen, abgießen, Flüssigkeit auffangen.

3 Rosenwein und Gelierzucker aufkochen, Gelee unter Rühren etwa 4 Minuten sprudelnd kochen. Rosenwasser zufügen.

4 Rosenblütengelee kochend heiß bis knapp unter den Rand in vorgewärmte Gläser füllen. Sofort verschließen.

Apfelgelee

3 kg Granny Smith oder unreife saure Äpfel
3 l Wasser
Zucker

1 Äpfel schälen, vierteln und entkernen. Schalen und Kerngehäuse in eine Schüssel geben und beiseite stellen.
2 Apfelstücke mit dem Wasser in einem großen Kochtopf aufkochen, bei mittlerer Hitze weich garen.
3 Ein Sieb mit einem Passier-/Gazetuch auslegen und dieses in eine Schüssel stellen. Äpfel samt Flüssigkeit in das Sieb gießen. Das Passiertuch über die Äpfel legen und das Ganze beschweren, mit leichtem Druck auspressen.
4 Die Hälfte des Apfelfond mit der gleichen Menge Zucker in einen Kochtopf geben. bei schwacher Hitze köcheln lassen, bis der Fond von sirupähnlicher Konsistenz ist. Restlichen Fond, Schalen und Kerngehäuse beifügen, bei schwacher Hitze köcheln, bis die Flüssigkeit geleeähnlich ist und an der Kelle haftet oder auf einem Teller erstarrt. Die Gartemperatur darf nicht zu hoch sein, Schaum immer wieder abschöpfen.
5 Apfelgelee durch ein Sieb passieren. Kochend heiß bis knapp unter den Rand in vorgewärmte Gläser füllen, sofort verschließen.

Variante

Wenn man Lindenblüten (12 Stück) mitkocht, verfärbt sich das Gelee rot. Das Apfelgelee kann man mit wenig Portwein und einem Hauch Cayennepfeffer würzen.

Quittengelee

1 l Quittenfond, Seite 37
800 g Gelierzucker
½ unbehandelte Orange, abgeriebene Schale

1. Quittenfond, Gelierzucker und abgeriebene Orangenschalen bei schwacher Hitze 10 Minuten köcheln lassen. Gelee eventuell passieren.
2. Quittengelee kochend heiss bis knapp unter den Rand in vorgewärmte Gläser füllen, sofort verschließen.

Abbildung

Brombeergelee

mit Zitronengras

1 kg Brombeeren
½–1 dl/50–100 ml Wasser
3 Zitronengrasstängel
750 g Gelierzucker
1 unbehandelte Zitrone, abgeriebene Schale
1 Briefchen (5 g) Zitronensäure

1. Brombeeren mit dem Wasser unter Rühren aufkochen und köcheln lassen, bis die Beeren zerfallen sind, Topfinhalt durch ein Chromstahlsieb streichen.
2. Die inneren zarten Blätter von einem Zitronengrasstängel in feine Ringe schneiden. Die beiden anderen Stängel in drei Stücke brechen.
3. Brombeerenpüree, Gelierzucker, Zitronengras, Zitronenschalen sowie Zitronensäure unter Rühren aufkochen, 4 Minuten sprudelnd kochen. Zitronengras entfernen.
4. Brombeergelee kochend heiß bis knapp unter den Rand in vorgewärmte Gläser füllen. Sofort verschließen.

Berberitzengelee

½ l Berberitzensaft, Seite 52
½ l Apfelsaft
500 g Gelierzucker

1 Berberitzen- und Apfelsaft sowie Gelierzucker unter Rühren aufkochen, sprudelnd kochen, bis das Gelee die richtige Konsistenz hat.

2 Berberitzengelee kochend heiß bis knapp unter den Rand in vorgewärmte Gläser füllen. Sofort verschließen.

Berberitze

Nach den ersten Frostnächten werden die sauren Beeren durch die Kälteeinwirkung geschmacklich milder. Den gleichen Effekt hat das Tiefkühlen. Die Beeren portionsweise auftauen und leicht auspressen.

Holunderbeersaft-Apfel-Gelee

800 g Äpfel
½ l Holunderbeersaft, Seite 52
1 kg Gelierzucker
½ Zitrone, Saft

1 Die Äpfel schälen, vierteln und entkernen, die Fruchtviertel in kleine Stücke schneiden.

2 Äpfel, Holunderbeersaft, Gelierzucker und Zitronensaft unter Rühren aufkochen, 4 Minuten sprudelnd kochen.

3 Holunderbeer-Apfelsaft-Gelee kochend heiß bis knapp unter den Rand in vorgewärmte Gläser füllen, sofort verschließen.

Vogelbeergelee

1 kg Vogelbeeren
500 g Äpfel (kann auch Fallobst sein)
1 dl/100 ml Wasser
Gelierzucker (auf ½ l Saft kommen 500 g Zucker)

1 Die Vogelbeeren von den Stielen streifen. Um die Bitterstoffe zu reduzieren, die Beeren während einer Minute in kochendem Wasser blanchieren. Abgießen.
2 Die Äpfel vierteln, Kerngehäuse entfernen, die Fruchtviertel klein schneiden.
3 Vogelbeeren, Äpfel und Wasser aufkochen, bei schwacher Hitze Saft ziehen lassen. Häufig abschäumen.
4 Beerenbrei in ein Mull-/Baumwolltuch gießen, Saft über Nacht in eine säurebeständige Schüssel abtropfen lassen.
5 Vogelbeerensaft abmessen und mit der entsprechenden Menge Gelierzucker unter Rühren aufkochen, 4 Minuten sprudelnd kochen.
6 Vogelbeergelee kochend heiß bis knapp unter den Rand in vorgewärmte Gläser füllen, sofort verschließen.

Blutorangengelee

8 unbehandelte Blutorangen
3 unbehandelte Zitronen
Gelierzucker; 4 Teile Zucker, 3 Teile Saft (400 g Zucker/3 dl/300 ml Saft)

1 Die Schale von drei Orangen dünn abschälen, Schalenstücke in feine Streifen schneiden. Alle Orangen und Zitronen auspressen. Den Saft abmessen.
2 Gelierzucker und Zitrusfruchtsaft aufkochen, 4 Minuten sprudelnd kochen, Fruchtschalen beifügen, etwa 1 Minute kochen.
3 Blutorangengelee kochend heiß bis knapp unter den Rand in vorgewärmte Gläser, sofort verschließen.

Marmelade

Zitronenmarmelade

500 g unbehandelte Zitronen
500 g Zucker
2 EL Zitronenlikör oder Grappa

1 Die Zitronen waschen, in einen Topf geben, mit Wasser bedecken, aufkochen, Früchte bei schwacher Hitze zugedeckt 30 Minuten kochen. Wasser abgießen, die Zitronen auskühlen lassen.

2 Die Zitronen in Scheiben schneiden, mit dem Zucker bei schwacher Hitze aufkochen, köcheln lassen, bis die Zitronen durchsichtig sind. Zitronenlikör zugeben, weitere 5 Minuten köcheln.

3 Zitronenmarmelade kochend heiß bis knapp unter den Rand in vorgewärmte Gläser füllen, sofort verschließen.

Orangen-Aprikosen-Marmelade

500 g unbehandelte Orangen
500 g fein gemahlener Vollrohrzucker oder Palmzucker z. B. Indischer Jaggary
250 g getrocknete Aprikosen

1 Die Orangen waschen, in feine Scheiben schneiden, die Kerne entfernen.

2 Orangen, Vollrohrzucker und Aprikosen im Cutter oder im Mixerglas auf mittlerer Stufe zu einer homogenen und etwas luftigen Masse verarbeiten. Marmelade in Gläser mit Schraubverschluss füllen, kühl stellen.

Jaggary
Ein aromatischer indischer Vollrohrzucker, hergestellt aus getrocknetem Zuckerrohr oder Palmsaft. Er enthält viele wertvolle Nährstoffe. Erhältlich in indischen Lebensmittelgeschäften. Als Ersatz eignet sich fein gemahlener Vollrohrzucker.

Haltbarkeit
Die ungekochte, vitaminreiche Marmelade lässt sich gut verschlossen im Kühlschrank mindestens einen Monat aufbewahren.

Abbildung

Pomelo-Minneola-Marmelade

1 Pomelo; ergibt ca. 250 g Fruchtfilets und 250 g Schale
3 EL Zitronensaft
4–5 Minneolas (½ l Saft)
1 kg Gelierzucker

1 Pomelo achteln. Das Fruchtfleisch herauslösen, von den Häuten befreien, entkernen und grob zerkleinern.

2 Pomeloschalen in einen Kochtopf geben und mit Wasser bedecken, aufkochen, 30 Minuten bei schwacher Hitze köcheln lassen, bis die Schalen glasig und mit Wasser vollgesogen sind. Abgießen und abkühlen lassen. Die Schalen sehr klein würfeln.

3 Minneolas auspressen.

4 Minneolasaft, Pomelofruchtfleisch und -schalen, Zitronensaft und Gelierzucker in einem großen Kochtopf verrühren. 1 Stunde ziehen lassen. Topfinhalt aufkochen, 4 Minuten sprudelnd kochen.

5 Die Marmelade kochend heiß bis knapp unter den Rand in vorgewärmte Gläser füllen, sofort verschließen.

Minneola

Gehört zur Familie der Tangelo-Früchte, einer Kreuzung aus Mandarinen und Grapefruits. Minneola zeichnen sich durch besondere Süße, Größe und Saftigkeit aus.

Pomelo

Grapefruitsorte der jüngeren Generation. Ist aus einer Kreuzung von Grapefruit und Pampelmuse (Urmutter aller Grapefruits) entstanden. Sie wird wegen ihrer guten Schälbarkeit, des angenehm säuerlichen Geschmacks und des festen und zugleich saftigen Fruchtfleisches wegen sehr geschätzt. Die sehr dicke Schale der von September bis April aus Israel importierten Pomelos ist unbehandelt und daher Basis vieler bitter- und herbsüßer Marmeladen, wie sie vor allem für England typisch sind.

Varianten

Pomelo durch Kumquats ersetzen. Auch hier gibt es Kreuzungen, z. B. Orangequat (Kumquat/Orange) oder Citrangequat aus Kumquat (Orange/Zitrone). Minneolas durch Blondorangen oder eine Mandarinenart ersetzen.

Früchtebutter

Nuss-Apfel-Butter

70 g Baumnuss-/Walnusskerne
1 kleiner Apfel
6 EL Apfelsaft
250 g weiche Butter
1 Msp Muskatnuss
½ TL Pimentpulver
½ TL Zimtpulver

1 Backofen auf 160 °C vorheizen. Die Nüsse auf ein Blech verteilen, bei 160 °C 15 Minuten rösten. Erkalten lassen. Fein reiben (Mixer oder Cutter).
2 Den Apfel schälen, vierteln und entkernen, die Fruchtviertel im Apfelsaft weich kochen, durch ein Sieb drücken. Auskühlen lassen.
3 Nüsse, Butter, Apfelmus (2–3 EL) und Gewürze gut verrühren.

Tipp

Die Butter kann im Kühlschrank 1 Woche aufbewahrt werden.

Pistazien-Orangen-Butter

250 g weiche Butter
2 unbehandelte Orangen
4 EL geriebene Pistazien
4 EL Puderzucker
wenig Orangensaft

1 Schale der Orangen auf der Rohkostreibe fein abreiben.
2 Orangenschalen, Pistazien, Puderzucker und Orangensaft unter die Butter rühren.

Tipp

Die Butter kann im Kühlschrank 1 Woche aufbewahrt werden.

Abbildung

Erdbeer-Honig-Butter

250 g Erdbeeren
3 EL Akazienblütenhonig
1 TL Limonensaft
150 g weiche Butter

1 Erdbeeren entstielen, je nach Größe zerkleinern, fein pürieren.

2 Erdbeerpüree, Honig und Limonensaft aufkochen, unter Rühren während etwa 3 Minuten dickflüssig einkochen, auskühlen lassen.

3 Erdbeerpüree mit der weichen Butter gut verrühren. Vor dem Servieren mindestens 1 Stunde kühl stellen.

Tipp

Die Butter kann im Kühlschrank 1 Woche aufbewahrt werden.

Register